Caminhos para
o desenvolvimento
sustentável

Ignacy Sachs

Caminhos para
o desenvolvimento
sustentável

Garamond

© Copyyright 2000, Ignacy Sachs

Direitos cedidos para esta edição à
Editora Garamond Ltda.
Caixa Postal: 16.230
Cep: 22.222-970
Rio de Janeiro, Brasil
Telefax: (021) 224-9088
E-mail: garamond@pobox.com

ORGANIZAÇÃO
Paula Yone Stroh

TRADUÇÃO
José Lins Albuquerque Filho

REVISÃO TÉCNICA
José Augusto Drumond
Marcel Bursztyn
Paula Yone Stroh

CAPA
Projeto de Paulo Luna
sobre tela de Giuseppe Arcimboldo

CATALOGAÇÃO NA FONTE DO
DEPARTAMENTO NACIONAL DO LIVRO

I24

Ignacy Sachs: caminhos para o desenvolvimento sustentável / organização: Paula Yone Stroh. – Rio de Janeiro: Garamond, 2009.

96 p.; 12x21 cm.

ISBN 85-86435-35-X

1. Ignacy Sachs, 1927 – 2. Desenvolvimento sustentável
I. Stroh, Paula Yone.

CDD-363.7

Apresentação

O Centro de Desenvolvimento Sustentável da Universidade de Brasília - CDS/UnB constitui um esforço de abrir a universidade aos imperativos de nosso tempo. Em que pese a tradição de construção científica de excelência da UnB nos vários campos do conhecimento, a realidade traz a exigência da institucionalização de um espaço acadêmico dedicado à exploração intelectual da complexidade imbricada nos problemas contemporâneos.

A busca de uma compreensão aberta aos crescentes desafios emanados de problemas essenciais da humanidade, como o das relações entre as sociedades humanas e a natureza, inspirou a criação do CDS, em 1995. Um conjunto de profissionais de diferentes origens e formações uniu-se no propósito inicial de criar um programa interdisciplinar de doutorado em Política e Gestão Ambiental. Este projeto estendeu-se, posteriormente, para o Programa de Mestrado. Recentemente, mais um braço do projeto CDS abriu-se, com a criação do Programa de Mestrado em Política e Gestão de Ciência e Tecnologia.

As linhas de pesquisa praticadas pelo CDS expressam as afinidades e competências dos corpos docente e discente e dos pesquisadores associados, sobre o princípio da busca de processos interativos de conhecimentos produzidos por diferentes campos do saber científico. Não sendo a interdisciplinaridade uma mera soma de saberes unidisciplinares fechados entre si, o desafio acadêmico do CDS consiste, exatamente, na contínua e sempre inacabada construção de um espaço universitário de convivência interativa de saberes especializados, confinados pela tradição acadêmica e científica, em favor da construção do saber transdisciplinar, requerido para o enfrentamento dos grandes desafios contemporâneos da humanidade.

Dando continuidade à série Idéias Sustentáveis, este segundo volume tem a honra de apresentar três artigos inéditos de Ignacy Sachs, que proferiu – na condição de mentor maior do projeto de construção do CDS – a aula magna do início do ano letivo de 1999. Por razões de ordem técnica, essa conferência não pode ser editada; tendo em vista, porém, a importância de registrar aquele evento, são publicados neste volume três artigos extremamente representativos de Ignacy Sachs, a quem o CDS agradece pela cessão dos textos. Os agradecimentos são extensivos ao professor Cristovam Buarque, que prontamente respondeu ao convite para a elaboração do prefácio deste volume.

A organizadora

Sumário

Prefácio / *Cristovam Buarque* 11

Rumo a uma Moderna
Civilização Baseada em Biomassa 29

Pensando sobre o Desenvolvimento
na Era do Meio Ambiente 47

Gestão Negociada e Contratual da
Biodiversidade 65

ANEXOS

Critérios de Sustentabilidade 85

Biografia Sintética de Ignacy Sachs 89

Bibliografia 93

Prefácio

Ignacy Sachs: o professor humanista para o século XXI
*Cristovam Buarque**

Um dia o jornalista Gilberto Dimenstein fez uma enquete entre diversas pessoas perguntando qual tinha sido o professor de sua vida. Fui incluído entre os consultados. Minha primeira lembrança foi a de um irmão Marista, no Ginásio São Luís, de Recife, o irmão Carlos.

Graças a ele, ainda no primário, adquiri predileção pela matemática, especialmente pela geometria. Devo a isso uma visão do mundo que busca a harmonia e o gosto pela beleza. Ele era também professor de religião e, na sua maneira

---

* Doutor em Economia, professor titular e ex-reitor da Universidade de Brasília, hoje atuando no Centro de Desenvolvimento Sustentável, que ajudou a fundar. Foi governador do Distrito Federal entre 1995 e 1998.

pouco dogmática, quarenta anos atrás, me transmitiu o sentimento da ética.

Sem o irmão Carlos eu provavelmente teria outra formação, tal como ocorreria sem o que ouvia em casa, as orientações diárias de meu pai, mãe e tios. Sem as conversas com os amigos eu também não seria o que sou. Viver é rodear-se de professores, aprendendo coisas todos os dias.

Mas a verdadeira formação intelectual chega na juventude e na primeira fase da vida adulta e, neste sentido, meus grandes professores foram Josué de Castro, Celso Furtado, Darcy Ribeiro e Ignacy Sachs.

Do primeiro, através de seus livros, especialmente *Geografia da Fome*,[1] e de uma convivência de três anos em Paris, devo o sentimento de que o desenvolvimento econômico, tanto em seu desenho como no modo de implantação, não é capaz de atender às necessidades de todos. Com ele, percebi pela primeira vez que as pessoas não comem o que as indústrias produzem. A idéia que prevalecia até Josué de Castro, e que eu também defendia, era que a industrialização gerava riqueza, a riqueza se espalhava e todos teriam dinheiro para comprar comida e tudo mais que fosse necessário. O mérito de

Josué não se restringe em ter denunciado a fome, mas em mostrar que a sua existência é sintoma do próprio tipo de desenvolvimento. Os textos marxistas e socialistas diziam que o problema da fome estava na distribuição, em decorrência da propriedade privada dos meios de produção. Josué de Castro, aparentemente atrás dos socialistas, mas na verdade bem à frente deles, criticou o próprio modelo de civilização e não apenas o sistema capitalista.

A Celso Furtado devo a compreensão da dinâmica do processo social brasileiro. A vida da gente se divide em antes e depois da leitura de certos livros, mas alguns são um divisor maior: *Formação Econômica do Brasil* é um deles.[2] Ao ler este livro, ainda como aluno da Escola de Engenharia, vi que havia uma concatenação de dinâmicas na maneira como a sociedade muda. Não se tratava de teorias, marxistas ou não, mas de uma descrição da realidade mudando.

De Darcy, tenho comigo mais do que lições de livros ou de aulas, mas uma lição de vida. Dele aprendi, além do profundo amor institucional pela UnB, a importância da ousadia e do inusitado, o gosto pelo surpreendente. Convivi com ele mais do que com Celso Furtado e Josué de Castro. Acompanhei seus últimos tempos e aprendi, até a véspera de sua morte, uma aula de otimismo sobre o Brasil. Este otimismo e o olhar para frente são as melhores marcas de Darcy Ribeiro sobre minha formação. Mas Darcy também, tal como Celso Furtado, me abriu a percepção do processo histórico, além de me trazer para a militância em prol da educação. Talvez eu até tivesse chegado a isto por outros meios, mas sem a sua influência direta não teria me consolidado.

Mas foi de Sachs que recebi a mais forte influência. Porque foi meu professor direto, meu orientador durante quase três anos e, desde então, por trinta anos, uma pessoa que me influencia em, pelo menos, doze aspectos:

A Natureza

O primeiro, e certamente dos mais importantes, é a descoberta do valor da Natureza. Quando cheguei a Paris, em outubro de 1970, eu era um engenheiro mecânico recém-graduado carregando a arrogância do saber tecnológico e, também, um nordestino crente no papel do desenvolvimento para transformar a natureza. Para mim, e para quase todos naquele tempo, a Natureza era a despensa – de onde tiraríamos, sem parcimônia, o máximo possível – e o depósito de lixo – onde poderíamos jogar todos os resíduos do processo produtivo. Anos depois, em uma entrevista com Sachs, lembrei-lhe que ouvira a palavra ecologia pela primeira vez durante o seu seminário de 1970, e destaquei a importância decisiva de seus seminários na divulgação do conceito.

Lembro de um Professor Vasconcelos, ainda na Escola de Engenharia de Pernambuco, que já falava dos limites físicos impostos ao desenvolvimento na Zona da Mata e da importância do conservacionismo. Mas ainda era uma visão local. Não passava o sentimento planetário que Sachs nos trouxe, aos que tiveram a sorte de serem seus alunos naquele final da década de 60. Graças a Sachs, o tema ecológico entrou nas minhas preocupações. Meu conhecimento de economia foi dirigido para tentar encontrar uma harmonia no processo produtivo, capaz de incorporar a natureza como valor. Mesmo minhas dedicações tecnocráticas, como analista de projetos, passaram a incorporar as inquietações e lições do Sachs.

A Tecnologia

Impossível entender o valor da natureza sem entender o papel da tecnologia. Como engenheiro, com uma formação econômica sob o otimismo do socialismo marxista, era-me impossível ver qualquer defeito no avanço técnico ou qualquer restrição ao papel da tecnologia como elemento libertador da humanidade. Para nós, que víamos no proletariado o produto do avanço técnico, mesmo os capitalistas, como Henry Ford, tinham papel mais importante na construção da liberdade do que os humanistas, do que os libertadores políticos. Sachs fez balançar estas crenças. Fez-nos ver os riscos do avanço técnico e trouxe o conceito de tecnologia adaptada em resposta às tecnologias desadaptadas. Desde os primeiros seminários de Sachs, perdi a crença na positiva neutralidade do avanço técnico. Passei a ver com desconfiança as conseqüências de seu uso e a procurar encontrar formas de subordinar o avanço técnico aos valores éticos e objetivos sociais. Era o contrário do que eu tinha aprendido até então, quando via todo o processo de evolução da humanidade subordinada ao avanço técnico.

A Heterodoxia

A Natureza não entraria no nosso universo de reflexão se Sachs não representasse uma heterodoxia, se não fosse um crítico de todas as linhas de pensamento, sem preconceito contra qualquer uma delas. Até Sachs, eu dividia o pensamento entre esquerda e direita, marxistas e cristãos, estruturalistas ou monetaristas. Ele me mostrou outra forma de entender as coisas, sem a prisão das formas do pensar. Lembro também que – muito tempo antes – Vamireh Chacon, então professor da Faculdade de Direito de Pernambuco, escrevera um pequeno livro, *Galileus Modernos*, sobre a possibilidade e necessidade de uma visão heterodoxa do mundo.[3] Mas eu ainda não estava preparado para a perda de todos os preconceitos. Em Paris, Sachs analisava as coisas do mundo elogiando o que via na China, depois de suas constantes viagens, com críticas ao que se passava na Polônia, sua terra natal. Para ele, o importante não era se o país tinha ou não governo socialista, mas quais resultados ele via no povo, na natureza local, na vida cultural.

Para mim, seus seminários eram uma surpresa a cada dia; ouvir reflexões sobre fatos e problemas sem pré-referências determinando as conclusões. Nunca mais voltei a ter preconceitos e, desde então, passei a procurar as minhas próprias formulações conceituais, usando o que aprendia de outros, sem repudiar nem me submeter a predeterminações. De todos os ensinamentos de Sachs, talvez seja este o que mais prezo hoje.

O Surpreendente

Graças, sobretudo, à sua heterodoxia, Sachs era um ator surpreendente em seus seminários. Olhando hoje para o passado, me parece que para ele uma boa aula não podia terminar sem alguma surpresa para seus alunos, como se ensinar fosse provocar, e não transmitir conhecimentos. As surpresas variavam: uma citação de um filósofo grego no meio de uma pragmática aula sobre a política monetária no México; a inclusão de uma notícia do jornal do dia ao falar sobre técnicas chinesas de cinco mil anos de idade; as referências a Santo Tomás de Aquino recheando as reflexões sobre Marx; os exemplos sobre a cultura judaica na Polônia quando falava da situação da Zona da Mata de Pernambuco.

O Rigor

O risco dos teóricos heterodoxos é a falta de rigor nas análises. Sachs nos ensinou que o rigor não só era possível, como absolutamente necessário nas críticas. Lembro do seu cuidado em usar as palavras, de sua busca em aprofundar um assunto a ponto de sentir necessidade de criar palavras que traduzissem a profundidade do conceito em elaboração. O compromisso com o rigor é uma das lições mais importantes de um professor a um aluno. Mas não se tratava do rigor de aprender o que já estava escrito. Para ele, o verdadeiro rigor estava em contestar as teorias existentes, desnudá-las. Os seminários de Sachs eram *strip-teases* de idéias, com um procedimento que desnudava o pensamento na nossa frente, desafiando-nos a vesti-lo, com novas roupas.

O Cosmopolita

Nada disso seria possível se Sachs não tivesse a formação cosmopolita que adquiriu ao longo de sua vida. É possível dizer que a sua experiência tenha sido uma sorte, uma sofrida sorte. Emigrou pela primeira vez ainda adolescente. Acompanhou o pai ao Brasil, fugindo das perseguições anti-semitas do nazismo na Polônia. Trouxe com ele a bagagem cultural da Europa do Leste e as tradições judaicas, ao lado de um pai com profunda formação humanista.

Sachs poderia ter aqui ficado com milhares de outros imigrantes, inclusive sua própria família. Todavia, depois de formado em economia, fez uma raríssima e expressiva opção: voltou à Polônia, para colaborar com a construção do socialismo. Lá, teve a sorte e o privilégio de estudar e trabalhar sob orientação de Lange[4] e Kalecki,[5] aprendendo a teoria socialista na prática, identificando o papel e os limites do Estado na economia. Não contente com a versatilidade que já tinha, fez outra opção radical ao decidir cursar seu doutorado na Índia, onde completou sua formação procurando entender com clareza e sem preconceitos o papel do Estado na economia. Depois retornou à Polônia, mas teve que sair novamente em 1968, escolhendo, dessa vez, a vida e a atividade acadêmica em Paris.

Uma formação mais cosmopolita do que esta, impossível. E ainda complementada pelo estudo de todas as áreas humanistas do conhecimento, sobretudo História, sem descuidar de uma sólida formação técnica. Este foi o professor que encontrei em Paris. Para mim, também forçado a sair do Brasil de modo tão sofrido, Paris não poderia ter tido melhor compensação.

O Crítico

Raros emigrantes judeus-poloneses voltaram à Polônia depois da Guerra. Sachs foi um deles porque ele era socialista. Mas, um socialista crítico. Isto para mim era novidade. Eu aprendera no Brasil que havia socialistas de diferentes correntes, mas não tínhamos socialistas críticos ao próprio socialismo. Aprendi com Sachs que é possível ser uma coisa sendo, ao mesmo tempo que crítico a ela. Sem mágoas ou radicalismos, ele falava do socialismo polonês, russo ou chinês com respeito, ao mesmo tempo com profunda crítica. Igualmente, passados tantos anos e acontecimentos – o muro de Berlim derrubado, a Polônia capitalista formada – ele hoje faz mais críticas ao que lá acontece do que no tempo do socialismo. Não porque houvesse menos razões para isso, mas porque a crítica tem que ser em tempo real ou não é crítica, é apenas reflexão.

O Local

Diferente de outros cosmopolitas, Sachs tinha e tem um apego radical aos exemplos e casos locais. Para ele, falar como cosmopolita não é ser abstrato e universalista nos conceitos, mas citar articuladamente, em uma mesma aula, detalhes de programas, costumes, fatos do Nordeste do Brasil, do Sudeste Indiano ou do Leste Europeu. Até hoje, conversar com Sachs é receber informações detalhadas sobre coisas concretas e locais, ainda que em linguagem cosmopolita universal. Como os grandes escritores que partem do local para se fazerem universais, Sachs sempre partiu do concreto e do local para formular teorias universais. Este apego ao local fez dele uma diferença e uma referência. Se observarmos os seus discípulos no Brasil, podemos perceber em cada um, no Rio Grande do Sul, no Rio de Janeiro, em Brasília, Alagoas, Santa Catarina ou Minas Gerais, um cuidado especial com os aspectos locais. Todos temos preocupações universais sem perder a perspectiva do local. As teses que orientamos, os trabalhos que fazemos, os centros de pesquisas que criamos ou dirigimos quase sempre têm o estudo de temas locais como principais objetivos.

A Generosidade

Ser aluno de Sachs era receber orientações em seu escritório, nos cafés próximos à sala de aula ou mesmo andando em direção às estações do metrô. Por mais ocupado que estivesse, ele jamais recusava um tempo ao aluno que o procurasse. Esta era uma de suas manifestações de generosidade. Mas não a única. Apoiou e aceitou todos aqueles que, como eu, estávamos em Paris em busca de asilo político. No começo dos anos setenta, a identidade comum de todos nós, seus alunos, era a falta da Pátria. Com seus alunos, ao redor da mesa dos seminários, era possível fazer uma geografia das ditaduras: rapazes e moças da Grécia, Turquia, dos países do Leste Europeu, Irã, Brasil, Argentina, Uruguai, pouco depois também do Chile. Enquanto os demais orientadores exigiam referências, cobravam currículos, Sachs exigia trabalho. Mas aceitava cada um que chegasse pedindo-lhe um *avis favorable* para inscrever-se na École Pratique des Hautes Études. Nem o professor, nem qualquer um de nós, contabilizou quantos exilados políticos evitaram a expulsão, ganharam bolsas de estudos e/ou receberam direito ao asilo, graças ao apoio e à aceitação de Sachs. Nunca negava carta de referência sincera para nos apoiar após a conclusão do doutorado. Quando fui convidado a trabalhar para o BID, em Washington, ele não apenas me forneceu as referências necessárias, como até me indicou um hotel barato e próximo ao BID para me hospedar durante os dias em que seria entrevistado. Mais que isso: me ensinou o percurso detalhado do aeroporto ao hotel.

O Pragmatismo

Se Sachs era generoso em aceitar e apoiar os seus alunos, foi ainda mais importante pelo pragmatismo como nos orientava. Não fosse ele, muitos de nós ainda estaríamos na França, tentando fazer uma tese impossível. Lembro de meu primeiro encontro em sua sala, ele ainda com 43 anos, então com seu cachimbo, na pequena sala abarrotada de livros, em tantos idiomas e sobre tantos assuntos. Perguntou-me sobre minha experiência e ouviu com o maior respeito sobre a minha formação em engenharia, sobre os meus créditos feitos no mestrado em economia, sobre os meus trabalhos anteriores em um escritório de projetos para a SUDENE. Sem fazer qualquer comentário, perguntou-me o que eu pretendia estudar em Paris; expus algo extremamente teórico sobre comércio internacional. Ele ouviu em silêncio e depois, rodando o braço com o cachimbo na mão, apontou para os livros e disse-me que, mesmo que eu passasse anos estudando o assunto, não faria nada melhor do que já estava em alguns dos volumes que ele tinha ali.

Minha primeira reação de jovem arrogante, candidato a reinventor do mundo e das idéias, foi de frustração, perda de auto-estima. Mas ele continuou, dizendo: "Mas nenhum desses autores tem condições de escrever qualquer coisa sobre o Nordeste do Brasil, como você tem, com a sua experiência de vida". E concluiu: "Se quer passar um bom tempo na França aprendendo teorias e idéias, pode escolher qualquer tema, mas se quer concluir sua tese, concentre-se em refletir sobre sua experiência e mostrar aos franceses como funciona a economia mista do Nordeste brasileiro". Em menos de três anos minha tese estava pronta.

Foi daí que elaborei a frase que durante algum tempo permaneceu estampada na minha sala da UnB: "A única tese realmente ruim é aquela que não foi escrita". Pensando bem, tudo o que escrevi desde então, próximo a um vigésimo livro, foi fruto daquele conselho pragmático. Nenhum desses livros reinventou o mundo ou as idéias, mas foi o limite do meu possível. Por isso foram escritos.

A Modéstia

O pragmatismo e a generosidade só foram possíveis graças a uma grande modéstia. Poucos pensadores da segunda metade do século XX poderiam ter contribuído teoricamente, tanto quanto Sachs, ao grande desafio de entender a civilização em suas relações sociais e ecológicas; o papel da ciência e da tecnologia, a crítica às teorias e ideologias prevalecentes. Mas ele ainda não fez isto, em razão de sua generosidade ao dedicar seu tempo a viagens, palestras, orientações, e pelo pragmatismo de estudar coisas concretas. Esta qualidade acaba deixando uma frustração em seus discípulos, pois queríamos ter Sachs como um prêmio Nobel de Economia, por ter estado à frente do seu tempo.

O *Humanismo*

Todas as características de Sachs se resumem em uma palavra: humanista. Este é um caráter raro entre economistas do século XX. Um humanista que não apenas nos ensinou ou nos transmitiu conhecimentos, como fazem os grandes mestres, mas sim sua maneira de ser intelectual. Somos muitos os que lhe devemos, no Brasil e no mundo inteiro, e eu estou entre os seus maiores devedores. Imagino como teria sido diferente minha trajetória se, em vez do humanismo de Sachs, eu tivesse caído nas malhas de um professor tecnocrata. Talvez estivesse muito mais acomodado, mais rico, com melhores cargos na hierarquia burocrática, mas certamente não teria razões para escrever o que escrevi acima. Poder escrever isso, com orgulho e ao mesmo tempo afeto, me faz ser ainda mais devedor do Professor Ignacy Sachs.

Notas

1 CASTRO, Josué. *Geografia da Fome – O Dilema Brasileiro: pão ou aço*. Brasiliense, 9ª ed., S. Paulo, 1965.

2 FURTADO, Celso. *Formação Econômica do Brasil*. Companhia Editora Nacional, 14ª ed., S. Paulo, 1976.

3 CHACON, Vamireh. *Galileus Modernos (Elogio da heterodoxia)*. Rio de Janeiro: Ed. Tempo Brasileiro, 1965.

4 Oskar Lange (1904-1965), eminente economista político polonês de orientação marxista, foi membro da Academia Polonesa de Ciências, professor de Economia Política na Universidade de Varsóvia, vice-presidente do Conselho de Estado da Polônia, presidente da Comissão Parlamentar do Plano Econômico, Orçamento e Finanças da Dieta Polonesa, primeiro embaixador da Polônia nos Estados Unidos após a 2ª Guerra, conselheiro econômico do governo da Índia entre 1956 e 1958. Autor de vasta obra, da qual aqui se destaca o título publicado no Brasil, *Moderna Economia Política – princípios gerais*. Rio de Janeiro: Editora Fundo de Cultura, 1963 e 1967. (Nota da Org.)

5 Michal Kalecki (1899-1970), economista polonês, expoente do pensamento macroeconômico, antecipou muitos princípios creditados à teoria keynesiana. Tendo inicialmente publicado os seus trabalhos apenas em polonês e francês, foi pouco divulgado até 1935, quando começou a publicar em inglês os

seus trabalhos sobre os ciclos econômicos do capitalismo. Incorporando conceitos das teorias econômicas clássicas e marxista na construção de seu pensamento, influenciou decisivamente notáveis pensadores da escola keynesiana de Cambridge, particularmente Joan Robinson e Nicholas Kalder, como também diversos economistas norte-americanos pós-Keynes. Joan Robinson & John Eatwell, na clássica obra *An Introduction to Modern Economics*, afirmam que "Gunnar Myrdal, na Suécia; Michal Kalecki, na Polônia, e Maynard Keynes, na Inglaterra, trabalhando de modo independente entre si, formularam um novo diagnóstico da instabilidade do capitalismo". Autor de diversos livros, salientam-se alguns de seus títulos publicados no Brasil: *Introdução à Teoria do Crescimento em Economia Socialista*, São Paulo: Brasiliense, 1982; *Teoria da Dinâmica Econômica: ensaio sobre as mudanças cíclicas e a longo prazo da economia capitalista*, São Paulo: Abril Cultural, 1983; *Economias em Desenvolvimento*, São Paulo: Vértice, 1988. (Nota da org.)

1

Rumo a uma Moderna Civilização Baseada em Biomassa*

"*Uma nova forma de civilização, fundamentada no aproveitamento sustentável dos recursos renováveis, não é apenas possível, mas essencial.*" Compartilho plenamente a opinião do eminente pensador indiano M. S. Swaminathan.

De certo modo, todas as principais civilizações do passado foram civilizações fundamentadas na biomassa, uma vez que dependiam quase que exclusivamente de produtos da

---

* Palestra proferida no Seminário Internacional de Ciência e Tecnologia Para uma Moderna Civilização Baseada em Biomassa, organizada pela COPPE/UFRJ e pela ENERGE em cooperação com a South-South Cooperation Programme on Environmentally Sound Socio-Economic Development in the Humid Tropics (UNESCO-MAB, UNU e TWAS) – por ocasião da Conferência da Academia de Ciências do Terceiro Mundo, Rio de Janeiro, 8 de setembro de 1997.

biomassa para sua vida material: alimentos e ração animal (como é o caso até hoje), e também combustível, fibras para vestimentas, madeira para a construção de abrigos e mobiliário, plantas curativas. Ainda hoje, milhões de "pessoas dos ecossistemas"[1] – habitantes das florestas e população rural – lutam por sua subsistência nos ecossistemas próximos, geralmente de modo criativo, baseado em conhecimento profundo sobre as ocorrências da natureza.

Nosso problema não é retroceder aos modos ancestrais de vida, mas transformar o conhecimento dos povos dos ecossistemas, decodificado e recodificado pelas etnociências, como um ponto de partida para a *invenção*[2] *de uma moderna civilização de biomassa*, posicionada em ponto completamente diferente da espiral de conhecimento e do progresso da humanidade. O argumento é que tal civilização conseguirá cancelar a enorme dívida social acumulada com o passar dos anos, ao mesmo tempo que reduzirá a dívida ecológica.

Para isso, temos que utilizar ao máximo as ciências de ponta, com ênfase especial em biologia e biotécnicas, para explorar o paradigma do "B ao cubo": *bio-bio-bio*. O primeiro b representa a biodiversidade, o segundo a biomassa e o terceiro as biotécnicas.

Uma breve explicação se faz necessária aqui. O estudo da biodiversidade não deveria estar limitado a um inventário das espécies e genes, por dois motivos: primeiro, porque o conceito de biodiversidade envolve também os ecossistemas e as paisagens; segundo, porque a biodiversidade e a diversidade cultural estão entrelaçadas no processo histórico de co-evolução.³

Figura 1: O Paradigma do "Biocubo"

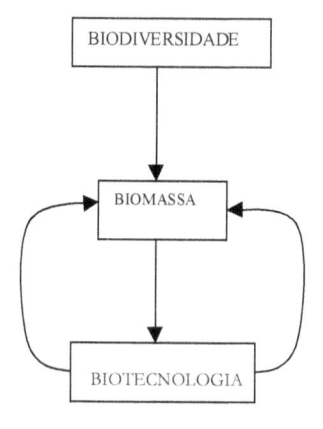

```
┌──────────────────┐
│ BIODIVERSIDADE   │
└────────┬─────────┘
         │
         ▼
   ┌───────────┐
 ┌→│ BIOMASSA  │←┐
 │ └─────┬─────┘ │
 │       ▼       │
 │ ┌─────────────┴┐
 └─│ BIOTECNOLOGIA│
   └──────────────┘
```

Necessitamos, portanto, de uma abordagem holística e interdisciplinar, na qual cientistas naturais e sociais trabalhem juntos em favor do alcance de caminhos sábios para o uso e aproveitamento dos recursos da natureza, respeitando a sua diversidade.[4] Conservação e aproveitamento racional da natureza podem e devem andar juntos. O desafio é: *como conservar escolhendo-se estratégias corretas de desenvolvimento em vez de simplesmente multiplicarem-se reservas supostamente invioláveis? Como planejar a sustentabilidade múltipla da Terra e dos recursos renováveis? Como desenhar uma estratégia diversificada de ocupação da Terra, na qual as reservas restritas e as reservas da biosfera tenham seu lugar nas normas estabelecidas para o território a ser utilizado para usos produtivos?* O uso produtivo não necessariamente precisa prejudicar o meio ambiente ou destruir a diversidade, se tivermos consciência de que todas as nossas atividades econômicas estão solidamente fincadas no ambiente natural.

Conforme foi mencionado, a biomassa coletada ou produzida em terra e na água pode ser utilizada para diferentes fins. Peço emprestado o diagrama dos "5-F", do Professor Jyoti Parikh, no qual os F representa alimento (*food*), suprimentos (*feed*), combustível (*fuel*), fertilizantes (*fertilizers*) e ração animal industrializada (*feedstock*).

Os usos da biomassa seriam otimizados na escolha da combinação certa dos "5-F", em sistemas integrados de alimento-energia adaptados às diferentes condições agroclimáticas e socioeconômicas. Este assunto tem sido extensivamente discutido no Brasil, na Índia e em outros países em desenvolvimento, no quadro do Programa Nexus de Alimento-Energia (*Food-energy Nexus Programme*) promovido pela Universidade das Nações Unidas.[5] O programa enfatiza o potencial dos sistemas produtivos artificiais, análogos a ecossistemas naturais. Nosso sucesso na criação de projetos sustentáveis dependerá enormemente de nossa habilidade em desenvolver tais sistemas de produção e em torná-los cada vez mais produtivos através da aplicação da ciência moderna.

Figura 2: Otimização do Uso da Biomassa

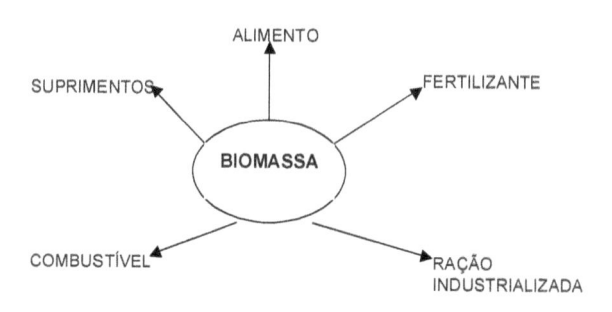

```
                ALIMENTO
                   ↑
SUPRIMENTOS ↘     │    ↗ FERTILIZANTE
              ┌───────┐
              │BIOMASSA│
              └───────┘
COMBUSTÍVEL ↙     │    ↘ RAÇÃO
                              INDUSTRIALIZADA
```

As biotecnologias terão um papel primordial neste esforço de alcançar ambas as extremidades da cadeia de produção, propiciando, por um lado, um aumento na produtividade de biomassa e, por outro lado, permitindo uma expansão na faixa de produtos dela derivados (ver Figura 1).

Uma tarefa operacional primordial é a de disponibilizar a biotecnologia moderna para os pequenos fazendeiros, capacitando-os assim, a participarem da *segunda revolução verde* (também denominada revolução *duplamente verde*).[6] Por mais difícil que possa parecer, essa tarefa não é impossível. Exige, todavia, uma série de políticas complementares (acesso justo à terra, ao conhecimento, ao crédito e ao mercado, bem como uma melhor educação rural). Igualmente importante na busca de uma moderna civilização de biomassa serão os esforços direcionados em favor do desenvolvimento de uma *química verde*, como complemento ou até como substituto pleno da petroquímica, trocando a energia fóssil por biocombustíveis.

Para os países tropicais, esta oportunidade é particularmente desafiadora. O clima tropical, por muito tempo encarado como uma deficiência, desponta agora como uma duradoura vantagem comparativa natural, por permitir produtividades maiores que as apresentadas nas zonas temperadas. Freqüentemente, diz-se que os recursos naturais perderam sua importância diante dos recursos humanos e do conhecimento. Esta é uma verdade parcial. Uma boa combinação de recursos naturais abundantes e baratos, força de trabalho qualificada e conhecimento moderno resulta em uma vantagem comparativa inigualável.

Obviamente, há que se ter cuidado com os ecossistemas frágeis e proteger as populações contra as doenças tropicais. Mas, hoje, sabemos como superar estes problemas, mesmo cientes que ainda há um longo caminho para o sucesso desta tarefa.

Portanto, os países tropicais, de modo geral, e o Brasil, em particular, têm hoje uma chance de *pular etapas*[8] para chegar a uma moderna civilização de biomassa, alcançando uma endógena *"vitória tripla"*, ao atender simultaneamente os critérios de relevância social, prudência ecológica e viabilidade econômica, os três pilares do desenvolvimento sustentável (ver Figura 3).

Conforme nos lembra Sérgio Buarque de Holanda, ao iniciar a sua célebre publicação,[9] o Brasil nasceu de uma tentativa de se transplantar a cultura européia para um extenso território, dotado de condições naturais bem diferentes daquelas familiares à cultura do local de origem. Outro intelectual brasileiro, Gilberto Freyre, antecipou o conceito de "tropicalismo". Não é preciso concordar com o que ele disse sobre a adaptação do povo português em terras tropicais (luso-tropicalismo) para reconhecer a sua visão pioneira de uma civilização original dos trópicos, ainda por ser inventada.[10] Este é exatamente o assunto em pauta.

Figura 3: Padrões de Crescimento

	Impactos		
	Econômicos	Sociais	Ecológicos
1. Crescimento desordenado	+	-	-
2. Crescimento social benigno	+	+	-
3. Crescimento ambientalmente sustentável	+	-	+
4. Desenvolvimento	+	+	+

Um dos primeiros escritos de Gilberto Freyre sobre o tropicalismo abordou a região amazônica. Os atuais esforços em andamento para criar a Agenda 21 para a Amazônia[11] referem-se explicitamente à civilização da biomassa. No ordenamento de algumas prioridades em ciência e tecnologia necessárias a uma estratégia de desenvolvimento sustentável na Região Amazônica, podemos usar como ponto de partida a divisão entre a floresta intacta e a área desflorestada. Na primeira categoria, devemos distinguir as florestas habitadas por grupos humanos das florestas virgens. Na segunda categoria, devemos considerar separadamente as florestas secundárias (capoeiras) e todas as demais áreas. A Figura 4 ilustra algumas possíveis linhas de ação para um aproveitamento racional da natureza na Região Amazônica.

A Figura 4: Possíveis Linhas de Ação para um Aproveitamento Racional da Natureza na Região Amazônica.

FLORESTAS		ÁREAS DESFLORESTADAS	
Virgens	Habitadas	Florestas secundárias	Outras
	[A]	[B]	[C]
	①		
	②		
	③		
	④		
	⑤		

[A] = reservas nativas

[B] = reservas extrativas e da biosfera

[C] = cidades e povoados

① = famílias agrícolas ou silviculturais, em diversos níveis, adaptadas aos ecossistemas amazônicos e seguindo atenciosamente a arquitetura da floresta

② = florestas enriquecidas

③ = áreas plantadas

④ = áreas de coleta de produtos florestais não-madeireiros e cortes seletivos de madeiras. A linha pontilhada indica a falta de interesse das companhias madeireiras em explorar as florestas secundárias, consistindo as suas estratégias, principalmente, em primeiro corte de florestas nativas

⑤ = outras produções ecologicamente seguras (com referência especial à domesticação de espécies animais e vegetais locais)

Com esses objetivos em vista, podemos, agora, voltar às prioridades de pesquisa. As dez sugestões a seguir não são exaustivas em hipótese alguma. A sua finalidade é apenas ilustrativa.

1. Necessitamos, certamente, de melhor compreensão quanto ao funcionamento dos diversos ecossistemas da Região Amazônica.[12] A iniciativa da *Large Biosphere-Atmosphere* desponta como um passo importante nesta direção.[13]

2. Em paralelo com a pesquisa baseada em macrodados, há que se prosseguir com a criação de bancos de dados locais sobre a biodiversidade. Alguns trabalhos pioneiros, na Índia, demonstram a possibilidade de se alcançar esta meta, mantendo em mãos nativas o controle desses bancos.

3. Por razões já explicadas, o estudo da diversidade biológica e cultural deve ser conduzido em conjunto por grupos de cientistas naturais e sociais; é necessário um grande esforço neste sentido.

4. O uso sustentável da biodiversidade requer, ao mesmo tempo, a capacidade de realização de pesquisa avançada no campo da ecologia molecular, nos caminhos das linhas sugeridas pelo PROBEM/Amazônia em 1996 e pelo Instituto Butantã (Universidade de São Paulo).

5. O estudo de sistemas de produção integrada, adaptados às condições locais, deve prosseguir em diferentes escalas de produção, desde a agricultura familiar aos grandes sistemas comerciais. Ambos têm lugar em uma estratégia de desenvolvimento sustentável.

6. Um tema importante para pesquisa é a criação de equipamentos para armazenamento,

transporte e processamento de produtos florestais, inclusive os meios de transportes não-convencionais (zepelins) e unidades móveis de beneficiamento (fluviais).

7. Diferentes sistemas locais de geração de energia (baseados em biomassa, miniidrelétricas, eólicos e solar) devem ser projetados e testados.

8. Uma importante área de pesquisa muito negligenciada é a da modernização das técnicas empregadas pela agricultura familiar de subsistência. A melhoria no funcionamento deste setor tem impacto direto sobre a vida das populações envolvidas, pela conseqüente liberação de parte da mão-de-obra para atividades orientadas pelo mercado.

9. A modernização dos sistemas de produção existentes pode assumir maior complexidade com o acoplamento sucessivo de novos módulos de produção. Já foi mencionada a possibilidade da domesticação de espécies locais como, por exemplo, a agregação da piscicultura à agricultura familiar.

10. O dimensionamento de sistemas de serviços sociais em domicílio (educação e saúde), adaptados às condições específicas da Amazônia rural com sua população dispersa ao

longo dos rios. Esta é uma prioridade de pesquisa, considerando que um maior acesso a tais serviços é fundamental para o funcionamento mais eficiente dos sistemas de produção e para a melhoria das condições de vida. O mesmo vale para a comunicação, tanto no acesso às amenidades culturais como às tão necessárias informações sobre as condições de mercado etc.

A lista acima apresenta um desafio grande, porém possível. O importante é notar que ele atravessa muitos campos do conhecimento. A criação de uma moderna civilização de biomassa não deveria ser assunto apenas do pessoal de laboratório, ainda que esta contribuição seja realmente decisiva. Felizmente, não estamos começando a partir de rascunhos. Um trabalho considerável já foi executado sobre o assunto, no Brasil, Índia e em outros países, e muito mais está sendo concluído. O seminário do Rio de Janeiro foi preparado para passar em revista a pesquisa brasileira sobre o uso da biomassa e compará-la com as experiências da Índia[14] e de outros países. A escolha da data e local é simbólica. O encontro ocorre simultaneamente à Conferência da Academia de Ciências do Terceiro Mundo e suas conclusões serão apresentadas a seus notórios representantes, na esperança de que incentivarão ativamente a cooperação da South-South em torno do tema da moderna civilização de biomassa.

Finalizando, reafirmo minha forte crença de que o progresso nesta direção pode auxiliar os países em desenvolvimento na invenção de seus padrões endógenos de desenvolvimento mais justos e, ao mesmo tempo, com maior respeito pela natureza. O controle do potencial de biomassa nos trópicos dá aos cientistas do Terceiro Mundo a oportunidade de *pular etapas*, na frente dos países industrializados. E ao praticarem o aproveitamento racional da natureza os países tropicais estarão contribuindo para um gerenciamento global inteligente da biosfera. Como foi exposto em um relatório recente, o Brasil e outros países tropicais têm todas as condições de se tornarem exportadores da sustentabilidade,[15] transformando o desafio ambiental em uma oportunidade.

Ignacy Sachs

Notas

1 Tomo emprestada a expressão usada no excelente livro de Madhav Gadgil e Ramachandra Guha, 1995, *Ecology and Equity – The use and abuse of nature in contemporary India.* Nova Delhi: Penguin Books. Os autores contrastam os povos dos ecossistemas com os "omnívoros", que tendem a desapropriar e expulsar os primeiros, para satisfazer sua ânsia consumista. Ver também, dos mesmos autores, 1993, *This Fissured Land – An Ecological History of India.* Delhi: Oxford University Press.

2 *Invenção* é a palavra certa, por necessitarmos de novas soluções e não de transposição mímica de soluções desenvolvidas para outros ambientes socioculturais-naturais. Ver MENDES, Armando Dias, 1977, *A Invenção da Amazônia.* Manaus: Editora da Universidade do Amazonas. A ênfase no desenvolvimento endógeno não deveria ser confundida com a falta de interesse em se beneficiar da experiência de outros povos.

3 A ecologia moderna assemelha-se cada vez mais à História Natural. Para uma interpretação interessante, ver Botkin, D. B., 1990, *Discordant Harmonies: A New Ecology for the 21st Century.* Oxford University Press. Também, Larrère Catherine & Larrère Raphaël, *Du bon usage de la nature – pour une philosophie de l'environnement.* Paris: Aubier, 1997.

4 Conforme enfatizado por C. e R. Larrère (*op. cit.*), este aproveitamento é subsidiado pela ecologia e as técnicas nele empregadas são reguladas por princípios éticos.

5 Ver Sachs, I. (em colaboração com D. Silk), 1990, *Food and Energy: Strategies for Sustainable Development*. Tóquio: United Nations University Press.

6 Ver Griffon, M. e Weber, J., 1995, *La révolution doublement verte: économie et institutions*, Seminário URPA, Futuroscope de Poitier, 6 págs., novembro de 1995.

7 A importância de pular etapas seletivamente no processo de desenvolvimento tem sido corretamente enfatizada por José Goldemberg, 1996, *Energy, Environment & Development*. Londres: Earthscan, que a define como a incorporação precoce de tecnologias de alto nível,por países em desenvolvimento. Goldemberg diz que... "apesar de sua atratividade, pular etapas não deveria ser considerado como uma estratégia universal, porque algumas vezes os produtos e tecnologias necessários não estão disponíveis nos países em desenvolvimento, ou não são exatamente adequados às suas necessidades" (p. 81). Eu proporia que o conceito de pular etapas seja expandido, de modo a incluir as inovações originais obtidas pelos países em desenvolvimento antes que os países industrializados, através da concentração das pesquisas em tópicos selecionados como os mais importantes.

8 Para uma discussão das soluções com "vitórias triplas", ver Sachs, I., 1995, *Searching for New Development Strategies – The Challenges of Social Summit,* além dos demais artigos elaborados para o Encontro Mundial para o Desenvolvimento Social, em Copenhague, UNESCO, Paris, 6 a 12 de março de 1995.

9 Sérgio Buarque de Holanda, 1996, Raízes do Brasil. São Paulo: Companhia das Letras, p. 31: "... a tentativa de implantação da cultura européia em extenso território, dotado de condições naturais, se não adversas, largamente estranhas à sua tradição milenar, é, nas origens da sociedade brasileira, o fato dominante e mais rico em conseqüências... O certo é que todo o fruto de nosso trabalho ou de nossa preguiça parece participar de um sistema de evolução próprio de outro clima e de outra paisagem..."

10 Para uma análise interessante sobre o tropicalismo de Gilberto Freyre, ver o ensaio de Samuel Benchimol, 1996, "Borealismo Ecológico e Tropicalismo Ambiental", *in* Clodovaldo Pavan (coord.) *Uma Estratégia Latino-Americana para a Amazônia.* MMA/ Memorial; São Paulo: Ed. UNESP, p. 345-349, volume 2. Para uma avaliação geral do trabalho de Gilberto Freyre, ver Darcy Ribeiro, 1997. *Gentidades.* Porto Alegre: L&PM, p. 7-89

11 *Agenda 21 para a Amazônia – Base para Discussões.* Ministério do Meio Ambiente, Recursos Hídricos e Amazônia Legal, Secretaria de Coordenação dos Assuntos da Amazônia, Brasília, março de 1997.

12 A Região Amazônica engloba muitos ecossistemas. Aziz N. Ab'Saber está certo em insistir na necessidade de se considerar os problemas emergentes de cada uma das 27 sub-regiões. Ver as suas contribuições em *Brazilian Perspectives on Sustainable Development of the Amazon Region*, editado por M. Clüsener-Godt e I. Sachs, UNESCO-Parthenon, Paris-Carnforth-Nova Iorque, 1995. p. 287-303, e *Uma Estratégia Latino-Americana para a Amazônia* (*op. cit.*), volume 3, p. 56-105.

13 *Large Scale Biosphere-Atmosfere Experiment in Amazonia* (LBA) – Concise Experimental Plan, INPE, Cachoeira Paulista (SP), abril de 1996.

14 Além dos artigos preparados para este seminário pelo Professor Shukla e por Vinícius Nobre Lages, os dois livros a seguir merecem atenção especial: Ravindranath, N. H. e Hall, D. O., 1995, *Biomass, Energy and Environment – A Developing Country Perspective from India*. Oxford University Press, Oxford-Nova Iorque-Tóquio, e Venkata Ramana, P. e Srinivas, S. N. (edit.), 1997, *Biomass Energy Systems* – Anais da Conferência Internacional em 26-27 de fevereiro de 1996, Nova Delhi, Tata Energy Research Institute.

15 IPEA, 1997, *O Brasil na Virada do Milênio – Teoria do Crescimento e Desafios do Desenvolvimento*. Brasília: IPEA, p. 156-158, julho de 1997.

2

Pensando sobre o Desenvolvimento na Era do Meio Ambiente

*Do aproveitamento racional da natureza para a boa sociedade**

Desenvolvimento e direitos humanos alcançaram proeminência na metade do século, como duas idéias-força destinadas a exorcizar as lembranças da Grande Depressão e dos horrores da Segunda Guerra Mundial, fornecer os fundamentos para o sistema das Nações Unidas e impulsionar os processos de descolonização.

A onda da conscientização ambiental é ainda mais recente – embora ela possa ser parcial-

---
* Artigo preparado para o 5º Encontro Bienal da International Society for Ecological Economics: "Beyond Growth: Policies and Institutions for Sustainability", Santiago, Chile, 15 a 19 de novembro de 1998.

mente atribuída ao choque produzido pelo lançamento da bomba atômica em Hiroshima e à descoberta de que a humanidade havia alcançado suficiente poder técnico para destruir eventualmente toda a vida do nosso planeta. Paradoxalmente, foi a aterrissagem na Lua – outro feito técnico e científico grandioso – que despertou a reflexão sobre a finitude do que então era denominado Espaçonave Terra. A opinião pública tornou-se cada vez mais consciente tanto da limitação do *capital da natureza* quanto dos perigos decorrentes das agressões ao meio ambiente, usado como depósito.

A Conferência das Nações Unidas sobre o Ambiente Humano, de 1972, ocorrida em Estocolmo, colocou a dimensão do meio ambiente na agenda internacional. Ela foi precedida pelo encontro Founex, de 1971, implementado pelos organizadores da Conferência de Estocolmo para discutir, pela primeira vez, as dependências entre o desenvolvimento e o meio ambiente, e foi seguida de uma série de encontros e relatórios internacionais que culminaram, vinte anos depois, com o Encontro da Terra no Rio de Janeiro.

A *Revolução ambiental* (Nicholson) teve conseqüências éticas e epistemológicas de longo alcance, as quais influenciaram o pensamento sobre o desenvolvimento.

À ética imperativa da solidariedade sincrônica com a geração atual somou-se a solidariedade diacrônica com as gerações futuras e, para alguns, o postulado ético de responsabilidade para com o futuro de todas as espécies vivas na Terra. Em outras palavras, o contrato social no qual se baseia a governabilidade de nossa sociedade deve ser complementado por um contrato natural (Michel Serres).

As conseqüências epistemológicas são, talvez, ainda mais contundentes. Francisco Sagasti argumenta que o paradigma básico do pensamento científico, herdeiro de Bacon e Descartes, chegou ao fim no que concerne à pretensão de dominar a natureza.[1] Estamos também, cada vez mais, tendo outros pensamentos sobre a *barganha faustiniana*, a crença ilimitada nas virtudes do progresso técnico.

A *ecologização do pensamento* (Edgar Morin) nos força a expandir nosso horizonte de tempo. Enquanto os economistas estão habituados a raciocinar em termos de anos, no máximo em décadas, a escala de tempo da ecologia se amplia para séculos e milênios. Simultaneamente, é necessário observar como nossas ações afetam locais distantes de onde acontecem, em muitos casos implicando todo o planeta ou até mesmo a biosfera.

A ecologia moderna desistiu dos modelos de equilíbrio, emprestados da economia, para se tornar uma história natural que abarca centenas de milhares de anos. Toda a história da humanidade, muito mais curta, deve conseqüentemente ser reexaminada em termos da integração entre as duas, tendo o conceito de co-evolução como categoria central. É irônico que, em um momento em que a seta do tempo atravessa todas as disciplinas científicas, a economia, cuja origem está entrelaçada com a história, vai em sentido contrário. Não é de admirar que tenha se tornado uma ciência sombria.

Para além do Crescimento Econômico

Durante a preparação da Conferência de Estocolmo, duas posições diametralmente opostas foram assumidas, pelos que previam abundância (*the cornucopians*) e pelos catastrofistas (*doomsayers*).

Os primeiros consideravam que as preocupações com o meio ambiente eram descabidas, pois atrasariam e inibiriam os esforços dos países em desenvolvimento rumo à industrialização para alcançar os países desenvolvidos. Em grande escala, o meio ambiente não era uma preocupação de peso para as pessoas ricas e ociosas. A prioridade deveria ser dada à aceleração do crescimento. As externalidades negativas produzidas nesse rumo poderiam ser neutralizadas posteriormente, quando os países em desenvolvimento atingissem o nível de renda *per capita* dos países desenvolvidos. O *otimismo epistemológico* era popular entre políticos de direita e de esquerda: soluções técnicas sempre poderiam ser concebidas para garantir a continuidade do progresso material das sociedades humanas.

Do lado oposto, os pessimistas anunciavam o apocalipse para o dia seguinte, caso o crescimento demográfico e econômico – ou pelo menos o crescimento do consumo – não fossem imediatamente estagnados. Ao final do século, a humanidade poderia encarar a triste alternativa de ter que escolher entre o desaparecimento em conseqüência da exaustão dos recursos ou pelos efeitos caóticos da poluição. Alguns desses pessimistas eram *malthusianos*. Para eles, a perturbação do meio ambiente era conseqüência da explosão populacional, como se o número de não-consumidores – a maioria pobre – importasse mais do que o consumo excessivo da minoria abastada.

No encontro de Founex e, mais tarde, na Conferência de Estocolmo, ambas as posições extremas foram descartadas. Uma alternativa média emergiu entre o economicismo arrogante e o fundamentalismo ecológico. O crescimento econômico ainda se fazia necessário. Mas ele deveria ser socialmente receptivo e implementado por métodos favoráveis ao meio ambiente, em vez de favorecer a incorporação predatória do capital da natureza ao PIB.

A rejeição à opção do *crescimento zero* foi ditada por óbvias razões sociais. Dadas as disparidades de receitas entre as nações e no interior delas, a suspensão do crescimento estava fora de questão, pois isso deterioraria ainda mais a já inaceitável situação da maioria pobre. Uma distribuição diferente de propriedade e renda era certamente necessária. Esta era uma tarefa politicamente difícil, mesmo em condições de crescimento relativamente rápido, e provavelmente impossível em sua ausência.

Por outro lado, a conservação da biodiversidade não pode ser equacionada com a opção do *não-uso* dos recursos naturais precípuos. Por importante que seja, a instituição das reservas naturais é apenas um instrumento das estratégias de conservação. O conceito de reservas de biodiversidade da UNESCO-MAB nasceu da compreensão de que a conservação da biodiversidade deve estar em harmonia com as necessidades dos *povos do ecossistema* (M.Gadgil, R. Guha).

De modo geral, o objetivo deveria ser o do estabelecimento de um aproveitamento racional e ecologicamente sustentável da natureza em benefício das populações locais, levando-as a incorporar a preocupação com a conservação da biodiversidade aos seus próprios interesses, como um componente de estratégia de desenvolvimento. Daí a necessidade de se adotar padrões negociados e contratuais de gestão da biodiversidade.[2]

O paradigma do *caminho do meio*, que emergiu de Founex e do encontro de Estocolmo, inspirou a Declaração de Cocoyoc, em 1974, e o influente relatório *What Now*, em 1975. Este trata de um *outro desenvolvimento*, endógeno (em oposição à transposição mimética de paradigmas alienígenas), auto-suficiente (em vez de dependente), orientado para as necessidades (em lugar de direcionado pelo mercado), em harmonia com a natureza e aberto às mudanças institucionais.[3]

Quer seja denominado *ecodesenvolvimento* ou desenvolvimento sustentável, a abordagem fundamentada na harmonização de objetivos sociais, ambientais e econômicos não se alterou desde o encontro de Estocolmo até as conferências do Rio de Janeiro, e acredito que ainda é válida, na recomendação da utilização dos oito critérios distintos de sustentabilidade parcial apresentados no Anexo 1.

A crítica ao crescimento selvagem e a análise de seus custos sociais e ambientais estimularam uma extensa literatura e a formulação de importantes conceitos, como *throughput*[4] e *perverse growth* (crescimento perverso),[5] como também a reinterpretação do conceito marxista de *faux frais* (falsos custos) ou na concepção de George Bataille *la part maudite* (lado maldito) (rendimento desperdiçado e riqueza estéril).

Mesmo aqueles dentre nós que consideram que o crescimento, devidamente reformulado em relação a modalidades e usos, é condição necessária para o desenvolvimento, aprenderam a distinguir entre os padrões de aproveitamento de recursos e o crescimento que leva ao verdadeiro desenvolvimento, ao contrário daqueles que sustentam o mau desenvolvimento ou até mesmo, em casos extremos, o retrocesso (ou involução).

De maior importância, pelo lado positivo, foi a intensa reflexão sobre as estratégias de economia de recursos (urbanos e rurais) e sobre o potencial para a implementação de atividades direcionadas para a *ecoeficiência* e para a produtividade dos recursos (reciclagem, aproveitamento de lixo, conservação de energia, água e recursos, manutenção de equipamentos, infra-estruturas e edifícios visando à extensão de seu ciclo de vida).[6]

Para além do Mercado

A História nos pregou uma peça cruel. O desenvolvimento sustentável é, evidentemente, incompatível com o jogo sem restrições das forças do mercado. Os mercados são por demais míopes para transcender os curtos prazos (Deepak Nayyar) e cegos para quaisquer considerações que não sejam lucros e a eficiência smithiana de alocação de recursos. Em um excelente livro sobre as virtudes e limitações dos mercados,[7] Robert Kuttner demonstrou que a eficiência smithiana raramente anda junto com a eficiência keynesiana, direcionada para a plena utilização do potencial de produção, e a eficiência schumpeteriana relativa à inovação tecnológica. Se agregarmos a estas três a ecoeficiência, a busca simultânea para uma quarta solicitação de extensiva regulamentação do mercado irá requerer algum tipo de intervenção e planejamento por parte do Estado. Ainda assim, a revolução ambiental coincidiu com a contra-revolução neoliberal e o ressurgimento do mito do *laissez-faire*.

O livro de Kuttner é valioso porque mostra que *nem tudo está à venda*, ao mesmo tempo em que procura um equilíbrio entre o mercado, o Estado e a sociedade civil, considerando as instituições externas ao mercado como necessárias para fiscalizar e corrigir os seus excessos e deficiências. Creio que ele define as perspectivas corretas para o redimensionamento das economias mistas e, ao mesmo tempo, para a reabilitação do planejamento, uma ferramenta indispensável para projetar e promover estratégias de desenvolvimento sustentável.

Subsídios bem dimensionados podem ter um importante papel na promoção de padrões de aproveitamento de recursos sustentáveis. No momento, entretanto, a maior parte dos subsídios está mal direcionada. Os subsídios aos combustíveis fósseis, energia nuclear, transporte rodoviário e pesca têm um efeito perverso devastador.[8]

Os complexos assuntos referentes à gestão dos "bens internacionais" e outros itens do "patrimônio comum da humanidade" merecem uma alta prioridade. Para muitos de nós, deve ser evitada a atribuição de valores comerciais a esses recursos, assim como o escopo de *res communis* deve ser ampliado para incluir os grandes blocos do conhecimento tecnológico. Os acordos recentes sobre propriedade intelectual têm caminhado no sentido contrário, constituindo, conseqüentemente, severo retrocesso para os países em desenvolvimento. Por outro lado, alguns neoliberais chegam ao ponto de propor a liberação da mão invisível do mercado, privatizando todo o capital da natureza e dos serviços do ecossistema para então usá-lo como garantia para a emissão de títulos, numa espécie de *curral global*.[9] Provavelmente, essa loucura foi incentivada pela recente e totalmente inverossímil tentativa de atribuir valor aos serviços do ecossistema mundial e ao capital da natureza.[10] Esperamos que isso não vingue.

Para além da separação Norte-Sul

O desenvolvimento sustentável é um desafio planetário. Ele requer estratégias complementares entre o Norte e o Sul.[11] Evidentemente, os padrões de consumo do Norte abastado são insustentáveis. O enverdecimento do Norte implica uma mudança no estilo de vida, lado a lado com a revitalização dos sistemas tecnológicos.

No Sul, a reprodução dos padrões de consumo do Norte em benefício de uma pequena minoria resultou em uma apartação social. Na perspectiva de democratização do desenvolvimento, o paradigma necessita ser complemente mudado. Por princípio, o Sul poderia ter evitado alguns dos problemas que estamos atravessando no Norte se tivesse pulado etapas em direção à economia de recursos, orientada para os serviços e menos intensamente materializados, em prol do meio ambiente e da elevação do padrão de pobreza.[12]

No entanto, é improvável que isso aconteça sem sinais claros de mudanças no Norte em relação ao efeito demonstrativo dos seus padrões de consumo sobre a população do Sul, maximizados pelos processos de globalização em âmbito cultural.

Além disso, o Norte deveria assumir os esforços para a provisão dos recursos necessários ao financiamento da transição do planeta para um desenvolvimento sustentável, principalmente porque o total de recursos envolvidos é relativamente limitado. Seria suficiente que os países industrializados transferissem, por meio de assistência social, 0,7% de seu PIB. Apesar de esta modesta meta ter sido reafirmada na Cúpula da Terra, o IDH tem caído, desde então, a um nível sem precedentes. A Conferência Rio+5 não teve sucesso em reverter esta tendência adversa. A separação Norte-Sul é tão enorme como sempre e as perspectivas são sombrias.

A ONU tem tido um sucesso proeminente na promoção da conscientização ambiental, incorporando-a ao conceito de desenvolvimento multidimensional. Nos 20 anos decorridos entre as conferências de Estocolmo e a do Rio, alcançou-se um substancial progresso em termos da institucionalização do interesse pelo meio ambiente, com o lançamento do Programa do Meio Ambiente da ONU e com o avanço na proteção do meio ambiente global por uma série de tratados internacionais. Como tentei mostrar, o pensamento sobre o desenvolvimento tem sido totalmente transformado. Ainda assim, o processo chegou a parar e até a se reverter, em um momento em que seria necessário um grande passo à frente para dar configurações concretas à Agenda 21. Chegou o momento de retomar estes temas e inserir novamente na agenda de separação Norte-Sul. Ao mesmo tempo, pode valer a pena colocar juntas as duas idéias-força mencionadas no início deste artigo, reconceitualizando-se o desenvolvimento como apropriação efetiva de todos os direitos humanos, políticos, sociais, econômicos e culturais, incluindo-se aí o direito coletivo ao meio ambiente.

Para além da economia ecológica

Para concluir, faz-se necessário algumas palavras sobre a ciência sombria. Mais do que nunca, precisamos retornar à *economia política*, que é diferente da economia, e a um planejamento flexível negociado e contratual, simultaneamente aberto para as preocupações ambientais e sociais. É necessária uma combinação viável entre economia e ecologia, pois as ciências naturais podem descrever o que é preciso para um mundo sustentável, mas compete às ciências sociais a articulação das estratégias de transição rumo a este caminho.[13] Assim, confesso que tive algumas dificuldades com a economia ecológica, em razão da ausência de simetria entre as dimensões ecológicas e sociais, ainda que muitos economistas ecológicos tenham uma agenda social mais ou menos explícita. William Kapp, cujo trabalho pioneiro sobre custos sociais e ambientais de empresas privadas tem sido a maior fonte de inspiração para muitos de nós, estava provavelmente certo ao postular o nascimento de uma nova disciplina: a *eco-sócio-economia*.

Notas

1 Sagasti, F., 1997, *The Twilight of the Baconian Age*. Agenda Peru: Lima.

2 Ver Larède, C. R., 1997, *Du bon usage de la nature*. Paris: Aubier; Singh, S., 1998, "Biodiversity Conservation Through Ecodevelopment. Planning and Implementation: Lessons from India" *in* Aragon, L. E. e Clüsener-Godt, M. (edit.), *Reservas da Biosfera e Reservas Extrativistas: Conservação da Biodiversidade e Eco-Desenvolvimento*. Belém: UNAMAZ-UNESCO, p. 21-90; Sachs, I, *Negociated and Contractual Management of Biodiversity*, artigo apresentado na Segunda Conferência Internacional da European Society for Ecological Economics, Genebra, 3-4 de março, 1998.

3 Ver *What Now*, 1975, relatório de Dag Hammarskjöld sobre desenvolvimento e *Development Dialogue*, número 1-2, Uppsala.

4 Ver o importante livro de Ayres, R. U., 1998, *Turning Point – The End to the Growth Paradigm*. Londres: Earthscan Publications.

5 Tenho utilizado este termo em referência ao crescimento que não leva ao desenvolvimento sustentável, com uma conotação um pouco diferente do termo *uneconomic growth* (crescimento não-econômico) usado por Herman Daly.

6 Ver: Ayres, R. U. *(op. cit.)* , Von Weizsäcker, E., Lovins, E. B., 1997, *Factor Four-Douling Wealth, Halving*

Resource Use, The New Report to the Club of Rome. Londres: Earthscan; Sachs, W., Loske, R., Linz, M., 1998, *Greening the North – A Post-Industrial Blueprint for Ecology and Equity*. Londres e Nova Iorque, Zed Books. Tenho mostrado, em outros lugares, que essas atividades correspondem ao conceito de M. Kalecki de *non-investment sources of growth* (fontes de crescimento sem investimentos) – a redução da taxa de depreciação real e uma melhor utilização da capacidade produtiva existente. Muitas dessas atividades são autofinanciáveis em termos macroeconômicos graças à economia de recursos. Ver Sachs, I., 1999, "L'économie politique du développement des economies mixtes selon Kalecki: croissance tirée par l'emploi", *in Mondes en Développement* (no prelo).

7 Kuttner, R., 1997, *Everything for Sale – The Virtues and Limits o Markets*. Nova Iorque: Alfred Knopf.

8 Myers, N., 1998, "Lifting the Veil on Perverse Subsidies", *in Nature*, vol. 392, 26 de março de 1998.

9 Ver Chichilnisky, G. e Heak, G., 1998, "Economics returns from the biosfere", *in Nature*, vol. 391, p. 629-630, 12 de fevereiro de 1998.

10 Costanza, R. *et al.*, 1998, "The value of the world's ecosystem services and natural capital", *in Ecological Economies*, n° 25, p. 3-15.

11 Para maiores detalhes, ver Sachs, I., 1993, *L'Ecodéveloppement – Stratégies de Transition pour le XXVI Siècle*. Paris: Syros. Publicado no Brasil *in* BURSZTYN,

Marcel (org.), 1993, *Para Pensar o Desenvolvimento Sustentável*. São Paulo: Ed. Brasiliense.

12 Vide UNPD, 1998, *Human Development Report*. Nova Iorque.

13 Ver o interessante dossiê Brindging "Economics and ecology", *in Nature*, vol. 395, edição 6701, p.415 e 426-434, 1º de outubro de 1998.

3

Gestão Negociada e Contratual da Biodiversidade*

Os povos têm prioridade máxima, como diria Michael Cernea (1986), ou, nos termos de John Friedmann (1996), os direitos dos povos à vida têm prioridade máxima.

A centralidade do meu argumento baseia-se no entendimento que o desenvolvimento é o processo histórico de apropriação universal pelos povos da totalidade dos direitos humanos, individuais e coletivos, negativos (liberdade contra) e positivos (liberda-

---

* Extraído de Sachs, I., *Social Sustainability and Whole Development*, artigo preparado para a UNESCO-MOST, no projeto Sustainable Development as a Concept for the Social Sciences, do Institut für Sozial-Ökologische Forschung GmbH, Frankfurt, novembro de 1996. Este projeto faz parte do Programme on Management of Social Transformations, da UNESCO.

de a favor), significando três gerações de direitos: políticos, cívicos e civis; sociais, econômicos e culturais; e os direitos coletivos ao desenvolvimento, ao meio ambiente e à cidade (Bobbio, M., 1990 e Lafer, C., 1994).

O decálogo de direito à vida, de Friedmann,[1] passa por vários direitos individuais e coletivos, fornecendo as bases para um novo contrato social que o Estado deveria honrar antes de dar atenção a outras reivindicações. Assim, nesta perspectiva, "... o crescimento econômico não é mais tido como a procura cega de crescimento por si mesmo, mas como uma expansão das forças produtivas da sociedade com o objetivo de alcançar os direitos plenos de cidadania para toda a população."

Isto concerne não só às pessoas que nos são contemporâneas, com as quais viajamos juntos na Nave-Terra, como também a todas as gerações futuras (Rajni Kothari, 1998). A ecologização do pensamento, proposta por Edgar Morin, exige a expansão dos horizontes geográficos, para englobar todo o planeta, senão o universo, e efetivamente refletir sobre o processo de longa duração do processo global de co-evolução de nossa espécie e o planeta em que vivemos. A ecologia moderna é, em grande extensão, uma análise da interação da história natural com a história da humanidade, como pode ser visto em *Discordant Harmonies*, de Botkin (1990).

Estamos, portanto, na fronteira de um duplo imperativo ético: a solidariedade sincrônica com a geração atual e a solidariedade diacrônica com as gerações futuras. Alguns, como Kothari, adicionam uma terceira preocupação ética: o respeito pela inviolabilidade da natureza: "O respeito à diversidade da natureza e a responsabilidade de conservar essa diversidade definem o desenvolvimento sustentável como um ideal ético. A partir da ética do respeito à diversidade do fluxo da natureza, emana o respeito à diversidade de culturas e de sustentação da vida, base não apenas da sustentabilidade, mas também da igualdade e justiça" (Kothari, 1995:285).

A conservação da biodiversidade entra em cena a partir de uma longa e ampla reflexão sobre o futuro da humanidade. A biodiversidade necessita ser protegida para garantir os direitos das futuras gerações.

Todavia, isso não quer dizer que a proteção deva se concretizar exclusivamente em santuários invioláveis, mesmo sabendo-se que há a necessidade de uma rede de áreas protegidas como parte imanente da *gestão territorial*.

- A *natureza selvagem*, ou seja, a natureza sem pessoas, é um conceito muito presente no pensamento conservacionista americano. De qualquer modo, na maior parte do mundo, é um mito, uma idealização das pessoas e povos da floresta (Diegues, A. C., 1996). O que acreditamos ser floresta virgem é uma realidade que tem sido profundamente alterada e, por vezes, enriquecida pela presença do homem, conforme documenta a pesquisa arqueológica na Região Amazônica. Também devemos lembrar que vivem na Índia mais de 60 milhões de pessoas em condições tribais.

- A multiplicação de reservas sem os meios necessários para a sua proteção efetiva é uma política autoderrotada. As pessoas retiradas das reservas ou impedidas de nelas entrarem para coletar os produtos florestais de que sempre dependeram consideram isso uma violação do seu direito à vida. Reagem invadindo essas reservas, que, deste modo, tornam-se em todos os sentidos áreas de livre acesso, *res nullis* presa fácil da pilhagem.

Tomando distância do otimismo epistemológico e da crença ilimitada nas soluções tecnológicas condensadas no escrito de Julian Simon, fico com Hubert Reeves, que diz que as pessoas são "os produtos mais complexos e de maior atuação da natureza" (Reeves, 1990:147). A palavra atuação denota, aqui, a capacidade de alterar significativamente o meio ambiente para melhor ou para pior. Como espécie inteligente e com notável capacidade de adaptação, deveríamos ser capazes de criar uma *economia de permanência,* como propõe J. C. Kumarappa, discípulo de Gandhi. Na economia de permanência, a satisfação das genuínas necessidades humanas, autolimitadas por princípios que evitam a ganância, caminha junto com a conservação da biodiversidade. Uma simbiose entre o homem e a natureza é, então, alcançada (Michel Serres, 1990). Durante milênios, aprendemos a transformar ecossistemas naturais em campos e jardins auto-sustentáveis quando geridos convenientemente. Com a contribuição da ciência contemporânea, podemos pensar em uma nova forma de civilização, fundamentada no uso sustentável dos recursos renováveis. Para o notável cientista indiano M. S. Swaminathan, isto não apenas é possível, mas essencial.

A economia de permanência deveria estar afirmada na perenidade dos recursos, isto é, na habilidade de transformar os elementos do meio ambiente em recursos sem destruir o capital da natureza. O conceito de recurso é cultural e histórico. É o conhecimento, pela sociedade, do potencial do seu meio ambiente. O que hoje é recurso, ontem não o era, e alguns dos recursos dos quais somos dependentes hoje, serão descartados amanhã; assim caminha o progresso técnico.

Deveríamos confiar o máximo possível no fluxo de renovação dos recursos. Entretanto, capacidade de renovação dos recursos – significando este termo o suporte básico da vida, água, solo e clima – requer uma gestão ecológica prudente, pois não se trata de um atributo concedido de uma única vez, para sempre.

Em outras palavras, precisamos aprender como fazer um *aproveitamento sensato da natureza* para construirmos uma *boa sociedade* (Larrède C. & Larrède R., 1997). A conservação da biodiversidade é condição necessária do desenvolvimento sustentável, já reconhecida pela "Rio-92" e inscrita na Convenção da Biodiversidade. E, reciprocamente, como veremos a seguir, o ecodesenvolvimento professa um caminho apropriado de conservação da biodiversidade, provavelmente o mais apropriado, ao assumir a harmonização dos objetivos sociais e ecológicos.

Algumas palavras sobre a sustentabilidade cabem aqui. Muitas vezes, o termo é utilizado para expressar a sustentabilidade ambiental. Creio, no entanto, que este conceito tem diversas outras dimensões. Deixem-me enumerá-las, brevemente:

– a sustentabilidade social vem na frente, por se destacar como a própria finalidade do desenvolvimento, sem contar com a probabilidade de que um colapso social ocorra antes da catástrofe ambiental;

– um corolário: a sustentabilidade cultural;

– a sustentabilidade do meio ambiente vem em decorrência;

– outro corolário: distribuição territorial equilibrada de assentamentos humanos e atividades;

– a sustentabilidade econômica aparece como uma necessidade, mas em hipótese alguma é condição prévia para as anteriores, uma vez que um transtorno econômico traz consigo o transtorno social, que, por seu lado, obstrui a sustentabilidade ambiental;

– o mesmo pode ser dito quanto à falta de governabilidade política, e por esta razão é soberana a importância da sustentabilidade política na pilotagem do processo de reconciliação do desenvolvimento com a conservação da biodiversidade;

– novamente um corolário se introduz: a sustentabilidade do sistema internacional para manter a paz – as guerras modernas são não apenas genocidas, mas também ecocidas – e para o estabelecimento de um sistema de administração para o patrimônio comum da humanidade.[2]

Passo, agora, à conservação da biodiversidade pelo ecodesenvolvimento.

Sob esse nome, a Índia está implementando diversos projetos em torno de reservas de tigres e em parques nacionais, com suporte ativo do Global Environmental Fund – GEF. Nesses projetos, o ecodesenvolvimento é definido como "uma estratégia para a proteção de áreas ecologicamente valiosas (áreas protegidas), em face de pressões insustentáveis, ou inaceitáveis, resultantes das necessidades e atividades dos povos que vivem nelas ou no seu entorno" (Singh, S., 1997:48). Este esforço é feito em três sentidos:

– identificando, criando e desenvolvendo alternativas sustentáveis de recursos de biomassa e renda;

– envolvendo as pessoas que vivem no entorno das áreas protegidas, nos planos de conservação e na gestão da área;

– cultivando a conscientização da comunidade local quanto ao valor e à necessidade de proteção da área, assim como aos padrões de sustentabilidade de um crescimento local apropriado.

O ecodesenvolvimento requer, dessa maneira, o planejamento local e participativo, no nível micro, das autoridades locais, comunidades e associações de cidadãos envolvidas na proteção da área. Para alguns autores mais radicais, é necessário também o reconhecimento dos direitos legítimos aos recursos e às necessidades das comunidades locais, dando a estas um papel central no planejamento da proteção e do monitoramento das áreas protegidas, permitindo uma interação saudável entre o conhecimento tradicional e a ciência moderna (Kothari *et al.*, 1995).

Também poderia citar as experiências pioneiras em Madagascar e as pesquisas lá conduzidas por Jacques Weber e o grupo de pesquisa GREEN/CIRAD (Weber, J. 1994; Sachs, I. & Weber, J., 1997), assim como o South-South Cooperation Programme on

Environmentally Sound Socio-Economic Development in the Humid Tropics - UNESCO/MAB-UNU-TWAS-UNAMAZ.

Este último corresponde a trabalhos de ecodesenvolvimento das "zonas tampão" e das zonas de transição das chamadas reservas da biosfera, onde são admitidas atividades humanas controladas. O que lá é válido, aplica-se *a fortiori* em situações nas quais as restrições ambientais são menos rígidas.

Além disso, ao juntar pessoas que trabalhem em países diferentes, onde prevalecem condições ecossistêmicas similares, a variável meio ambiente pode, por assim dizer, ser colocada fora desses parênteses. O que permanece dentro de parênteses é a diversidade cultural. Desse modo, as pesquisas sobre biodiversidade e sobre diversidade cultural apresentam-se intimamente articuladas. É de se esperar que tal programa possa ser reproduzido em outros ecossistemas, algum dia, de modo a explorar mais sistematicamente a matriz ecossistemas/culturas. Lida horizontalmente, essa matriz mostra a diversidade cultural nas respostas a desafios ambientais similares. Lida verticalmente, fornece-nos um *insight* da adaptabilidade de uma cultura a diferentes condições naturais.

Muitos outros exemplos poderiam ser citados, particularmente na Índia. O planejamento participativo tem sido experimentado em uma escala sem precedentes no Estado de Kerala, pioneiro em experiências de registro de dados de biodiversidade do *Panchayat*, que iniciou-se em Karnathaka e se estende por outros estados.

Uma experiência comum é que o ecodesenvolvimento pode ser mais facilmente alcançado com o aproveitamento dos sistemas tradicionais de gestão dos recursos, como também com a organização de um processo participativo de identificação das necessidades, dos recursos potenciais e das maneiras de aproveitamento da biodiversidade como caminho para a melhoria do nível de vida dos povos. Esse processo exige, obviamente, a presença de *advocacy planners* de algum tipo, que atuem como facilitadores do processo de negociação entre os *stakeholders* (atores envolvidos) – população local e autoridades – subsidiado por cientistas, associações civis, agentes econômicos públicos e privados. Geralmente, essas negociações são dolorosas devido aos interesses antagônicos, como demonstra um recente estudo sobre os desafios ao desenvolvimento sustentável de base comunitária. De qualquer modo, elas representam um bem-vindo ponto de partida para o despertar de abordagens sobre a gestão ambiental (Leach, M. *et al*, 1997).

O êxito está, todavia, na necessária transformação dos resultados da negociação em um contrato entre os *stakeholders*. Podemos falar, então, em uma *gestão negociada e contratual dos recursos,* pedra fundamental para qualquer desenvolvimento sustentável.[3]

Uma condição importante é garantir que, efetivamente, a população local receba uma fatia dos benefícios resultantes do aproveitamento de seus saberes e dos recursos genéticos por ela coletados, que devem ser protegidos da biopirataria. Esta é uma condição de alta relevância. A evolução de todo debate sobre a propriedade intelectual tem, como sabemos, pendido para o lado errado. Esta questão influenciará muito na implementação da Convenção da Biodiversidade.

A abordagem negociada e participativa é crucialmente importante em áreas sensíveis, como as florestas tropicais. Mas pode, também, ser frutiferamente aplicada no contexto das economias desenvolvidas.

Um exemplo interessante é dado pelos 33 Parques Naturais Regionais da França, os quais cobrem aproximadamente dez por cento do território nacional e contam com uma população superior a meio milhão de habitantes, distribuída em 2.700 comunidades. Este nome é enganoso, de certa forma, visto serem microrregiões com ecossistemas frágeis e/ou com importante herança natural ou histórica cujos habitantes negociaram entre si um acordo definindo os objetivos do desenvolvimento e as modalidades de implantação. Os acordos são negociados, por períodos de dez anos, entre os representantes das comunidades, departamentos e regiões, com a participação das organizações de cidadãos. Um órgão misto formado pelas comunidades interessadas no parque é incumbido da sua gestão. No ano passado, esses parques celebraram 30 anos de existência. Podem ser vistos como os predecessores do ecodesenvolvimento,[4] se considerarmos o importante papel assumido neles pelas organizações de cidadãos. A questão agora é como lucrar com a experiência acumulada na administração contratual participativa, em áreas não reconhecidas como parques nacionais. Um passo nessa direção pode ser dado mediante contratos co-assinados por diversas comunidades.

Para concluir, a abordagem negociada e contratual vai além da gestão da biodiversidade. Argumentei, em outras situações, que ela pode vir a ser a pedra fundamental de um caminho do meio dos regimes democráticos, como resposta criativa para a atual crise de paradigmas – o colapso do socialismo real, o enfraquecimento do Estado do bem-estar (*welfare states*) e o não-cumprimento das promessas da contra-revolução neoliberal (Sachs, I., 1998). Mas isso já é outra história.

Notas

1 Parto auxiliado profissionalmente, um espaço seguro de vida, uma dieta adequada, atendimento médico acessível, educação boa e prática, participação política, uma vida economicamente produtiva, seguro contra desemprego, uma velhice digna, um funeral decente (Friedmann, J. p.169, 1996).

2 Os critérios de sustentabilidade estão descritos no Anexo 1.

3 Estou de pleno acordo com M. Jollivet *et al*, 1997, no que foi escrito em um editorial intitulado Toward a negociated Development?: "... A era da passagem forçada da decisão do poder político em nome do progresso pela técnica está terminada. Pode haver desenvolvimento se as vias não estão consentidas? Pode haver consentimento se não há diálogo, e diálogo se não há compromisso? Estamos indo para o fim da soberania implícita (no sentido literal, ou seja, político, do termo) da técnica, que a associa, de fato, às formas de autoritarismo político desempenhados no quadro da democracia? Um desenvolvimento sustentável não é fundamentalmente um desenvolvimento 'negociado'?"

4 Ver, particularmente, o seu manifesto *Parcs Naturels Régionaux, 1997*, apresentado em junho de 1997 por ocasião das festividades do seu trigésimo aniversário.

Referências bibliográficas

BOBBIO, N. 1990, *L'Età dei Diritti*, Turim: Giulio Einaudi Editore.

BOTKIN, D.B., 1990, *Discordant Harmonies; A New Ecology for the 21st Century*. Oxford: Oxford University Press.

CERNEA, M.M. 9ª ed.), 1986, "Putting People First: Sociological Variables". *In Rural Development*. Washington: Banco Mundial. Documento Técnico.

DIEGUES, A.C. Sant'Ana, 1996, *O Mito Moderno da Natureza Intocada*. São Paulo: Hucitec.

FRIEDMANN, J., 1996, "Rethinking Poverty: Empowerment and citizen Rights." *In International Social Science Journal* Nº 148, UNESCO, p. 161-172.

JOLLIVET, M., LEGAY, J.M., MÉGIE, G., 1997, "Vers un développement negocié?". *In Nature, Sciences et Sociétés*, vol. 5, n°3.

KOTHARY, R., 1998, "Sustainable Development – An Ethical Utopia for the 21st Century". *In Economies et Sociétés – Développement, croissance et progrès*. Série F. n° 36, 1/1998, p. 279-286.

KOTHARI, A; SURI, S.; SINGH, N., 1995, "People and Protected Areas. Rethinking Conservation in India". *In The Ecologist*, vol. 25, n° 5.

LAFER, C., 1992, *A Reconstrução dos Direitos Humanos. Um Diálogo com o Pensamento de Hanna Arendt*. São Paulo: Companhia das Letras.

LARRÈDE, C & R., 1997, *Du bon usage de la nature*. Paris: Aubier.

LEACH, M., MEARNS, R., SCONONES, I., 1997, "Community-based Sustainable Development –

Consensus or Conflict?". *In IDS Bulletin*, vol. 28, n° 4.

Parcs Naturels Régionaux de France, 1997, *Manifeste pour un futur durable*.

REEVES, H., 1990, *Malicorne – Réflexions d'un observateur de la nature*. Paris: Éditions du Seuil.

SACHS, I., & WEBWE, J., 1997, "Developing in Harmony with Nature: Guidelines for Resource Management by People in the Biosphere Reserves." *In* Aragon, L.E. & Clüsener-Godt, M. (eds.) *Reservas da Biosfera e Reservas Extrativistas: Conservação da Biodiversidade e Ecodesenvolvimento*. Belém: UNAMAZ-UNESCO, p. 9-20.

SACHS, I., 1998, "The State and the People Partners: Towards a Development Compact", *paper* preparado para o Seminário Sociedade e Reforma do Estado, São Paulo, 26-28 de março.

SERRES, M., 1990, *Le contrat naturel*. Paris: François Bourin.

SINGHS, S., 1997, "Biodiversity Conservation Through Ecodevelopment. Planning and Implementation: Lessons from India". *In* Aragon, L.E. & Clüsener-Godt, M. (eds.), *Reservas da Biosfera e Reservas Extrativistas: Conservação da Biodiversidade e Ecodesenvolvimento*. Belém: UNAMAZ-UNESCO, p. 21-90.

WEBER, J., 1994, "Les relations entre populations et aires protégées à Madagascar". *In Nature, Sciences et Societés* n° 2, 1994.

ANEXOS

Anexo 1

Critérios de Sustentabilidade

1. *Social*:
- alcance de um patamar razoável de homogeneidade social;
- distribuição de renda justa;
- emprego pleno e/ou autônomo com qualidade de vida decente;
- igualdade no acesso aos recursos e serviços sociais.

2. *Cultural*:
- mudanças no interior da continuidade (equilíbrio entre respeito à tradição e inovação);
- capacidade de autonomia para elaboração de um projeto nacional integrado e endógeno (em oposição às cópias servis dos modelos alienígenas);

– autoconfiança combinada com abertura para o mundo.

3. *Ecológica:*
- preservação do potencial do capital natureza na sua produção de recursos renováveis;

- limitar o uso dos recursos não-renováveis;

4. *Ambiental:*
- respeitar e realçar a capacidade de autodepuração dos ecossistemas naturais;

5. *Territorial:*
– configurações urbanas e rurais balanceadas (eliminação das inclinações urbanas nas alocações do investimento público);

– melhoria do ambiente urbano;

– superação das disparidades inter-regionais;

– estratégias de desenvolvimento ambientalmente seguras para áreas ecologicamente frágeis (conservação da biodiversidade pelo ecodesenvolvimento).

6. *Econômico:*
– desenvolvimento econômico intersetorial equilibrado;

– segurança alimentar;

– capacidade de modernização contínua

dos intrumentos de produção; razoável nível de autonomia na pesquisa científica e tecnológica;

– inserção soberana na economia internacional.

7. *Política (nacional):*
– democracia definida em termos de apropriação universal dos direitos humanos;

– desenvolvimento da capacidade do Estado para implementar o projeto nacional, em parceria com todos os empreendedores;

– um nível razoável de coesão social.

8. *Política (internacional):*
– eficácia do sistema de prevenção de guerras da ONU, na garantia da paz e na promoção da cooperação internacional;

– um pacote Norte-Sul de co-desenvolvimento, baseado no princípio de igualdade (regras do jogo e compartilhamento da responsabilidade de favorecimento do parceiro mais fraco);

– controle institucional efetivo do sistema internacional financeiro e de negócios;

– controle institucional efetivo da aplicação do Princípio da Precaução na gestão do meio ambiente e dos recursos naturais; prevenção das mudanças globais negativas; proteção da diversidade biológica (e cultural); e gestão do patrimônio global, como herança comum da humanidade;

– sistema efetivo de cooperação científica e tecnológica internacional e eliminação parcial do caráter de *commodity* da ciência e tecnologia, também como propriedade da herança comum da humanidade.

Anexo 2

Biografia Sintética de Ignacy Sachs

Ignacy Sachs nasceu em Varsóvia, Polônia, em 1927 e desde 1971 é cidadão francês. Viveu parte de sua juventude no Brasil, onde realizou seus estudos secundário no Lycée Pasteur, em São Paulo, e universitários na Faculdade de Ciências Políticas e Econômicas do Rio de Janeiro. Entre 1954 e 1957 foi pesquisador do Instituto Polonês de Assuntos Internacionais e professor da Escola Central de Planejamento e Estatística e da Universidade de Varsóvia. Viveu na Índia entre 1957 e 1960, onde doutorou-se em economia pela Universidade de Delhi, em 1961. Retornando à Polônia, foi professor na Escola Central de Planejamento e Estatística de Varsóvia e diretor do Centro de Pesquisas em Economias Subdesenvolvidas, na mesma cidade, até 1968. Desde então, é diretor de pesquisa da École des Hautes Études en Sciences Sociales, em Paris, ocupando a cátedra de pesquisas interdisciplinares sobre o planejamento do desenvolvimento. Entre 1973 e 1985 foi diretor do CIRED – Centre International de Recherche sur l'Environnement et le Développement. De 1985 a 1996, foi diretor do CRBC – Centre de Recherches sur le Brésil Contemporain, como responsável pelo doutorado em Pesquisas Comparativas sobre o Desenvolvimento na Maison des Sciences de l'Homme e editor do Cahiers du Brésil Contemporain. Atualmente é diretor de pesquisa emérito da Ecole des Hautes Études en Sciences Sociales e co-diretor do CRBC.

É impossível arrolar todos os acontecimentos envolvidos na vida de Ignacy Sachs, na sua determinação de fazer progredir o debate internacional do desenvolvimento sustentável – que, aliás, está intimamente atado à influência dos seus ensinamentos, desde o seminário internacional de Tóquio sobre os Desafios das Ciências Sociais em Face do Meio Ambiente, em 1970. Em rápidas pinceladas, Ignacy Sachs foi assessor chefe do secretariado geral da Nações Unidas nos preparativos da Conferência de Estocolmo, em 1972, e deste mesmo lugar participou das conferências de Founex e

Cocoyoc, assim como das diversas conferências regionais sobre meio ambiente e desenvolvimento. Neste processo, dirigiu, em 1972, a missão CEPAL/PNUD para elaboração de um plano de desenvolvimento de longo prazo do território amazônico no Peru. Em 1973 participou da organização da unidade de meio ambiente da CEPAL. Entre 1974 e 1976 colaborou para a implantação do Centro de Ecodesenvolvimento do México. Em 1976 redigiu o capítulo sobre meio ambiente para o relatório *Reshaping the International Order*, apresentado no Clube de Roma. É de sua autoria (1977) o documento de base apresentado na Conferência sobre Ecodesenvolvimento, organizado pela Agência Canadense para o Desenvolvimento Internacional. Desde 1977 vem colaborando incansavelmente com diversos organismos encarregados da proteção ao meio ambiente e com universidades brasileiras.

Entre 1983 e 1987 foi diretor de programa das *Interfaces alimentação-energia*, da Universidade das Nações Unidas e ali organizou conferências internacionais realizadas em Brasília, 1984, e Nova Delhi, 1986, como também diversos colóquios na América Latina, África e Ásia. Desde 1990 é assessor da UNESCO no Programa de Coooperação Sul-Sul para o ecodesenvolvimento dos trópicos úmidos. Entre 1991 e 1992, participou ativamente da preparação da "Rio-92" como assessor especial do Secretariado Geral da ONU para o Meio Ambiente e Desenvolvimento. Na condição de assessor da Secretaria da Amazônia Legal do Ministério do Meio Ambiente brasileiro, é co-autor da *Amazônia: Agenda 21*, publicada em março de 1997.

Ignacy Sachs integra o conselho editorial de revistas especializadas em diversas partes do mundo e já atuou como professor convidado de um grande número de universidades na Inglaterra (notadamente Cambridge), Bélgica, Países-Baixos, Suíça, Itália (notadamente Roma, Pádua e Bolonha), Polônia, Portugal, Canadá, Estados Unidos (notadamente UCLA, MIT e Harvard), México, Colômbia, Venezuela, Peru, Chile, Argentina, Senegal, Nigéria, Tanzânia, Irã, Índia, China e Japão, além do Brasil. Atualmente, na França, é integrante do Grupo Interministerial de Avaliação Ambiental, tendo participado da elaboração de diversos estudos e grupos de trabalho. Desde 1996, é membro da Comissão para o Desenvolvimento Sustentável do Ministério de Meio Ambiente francês, além de participar de importantes entidades civis correlatas ao tema.

Anexo 3

Bibliografia

Ignacy Sachs é autor de um imenso acervo de trabalhos publicados em livros, artigos, antologias e comunicações em diversas partes do mundo. Registra-se, aqui, apenas uma amostra de seus livros e capítulos de livros publicados no Brasil.

Livros

Capitalismo de Estado e Subdesenvolvimento: Padrões de setor público em economias subdesenvolvidas. Petrópolis: Vozes, 1969.

Ecodesenvolvimento: crescer sem destruir. São Paulo: Vértice, 1986.

Espaços, tempos e estratégias do desenvolvimento. São Paulo: Vértice, 1986.

Estratégias de transição para o século XXI: desenvolvimento e meio ambiente. São Paulo: Studio Nobel; FUNDAP, 1993.

Capítulos de livros

"Enfoques de la política del medio ambiente". *In*: J.ª Gallego Gredilla (org.), *Economía del medio ambiente*. Rio de Janeiro: Ministério da Fazenda, 1974, p. 73-96.

"A questão alimentar e o ecodesenvolvimento". *In*: M.C. de Souza Minayo (org.), *Raízes da Fome*. Petrópolis: Vozes, 1985, p. 135-41.

"A interface entre as questões energética e alimentar: obsetivos do Seminário". *In*: *Anais do Seminário Internacional "Ecossistemas, Alimentos e Energia"*. Vol 1. Brasília: UNESCO; Rio de Janeiro: FINEP, 1985, p. 5-14.

"Novas necessidades do planejamento nos países subdesenvolvidos". *In*: *Anais do Encontro "Cotidiano Popular e Planejamento Urbano"*. São Paulo: USP, 1985, p. 27-36.

"Formas de ajuda externa: uma análise econômica". *In*: M. Kalecki, *Economias em desenvolvimento*. São Paulo: Vértice / Editora Revista dos Tribunais, 1987, p. 65-90.

"Qual desenvolvimento para o século XXI?". *In*: M. Barrère (coord.), *Terra, patrimônio comum: a ciência a serviço do meio ambiente e do desenvolvimento*. São Paulo: Nobel, 1992, p. 117-130

"Ecodesenvolvimento (1972-1992)". *In*: D. Maimon (ed.), *Ecologia e desenvolvimento*. Rio de Janeiro: APED, 1992, p. 7-11.

"Estratégias de transição para o século XXI". *In*: M. Bursztyn (org.), *Para pensar o desenvolvimento sustentável*. São Paulo: Brasiliense, 1993, p.26-56.

"Rumo à Segunda Revolução Verde?". *In*: P.F. Vieira & M.P. Guerra (orgs.), *Biodiversidade, biotecnologias e ecodesenvolvimento*. Anais do Primeiro Simpósio Nacional. *O sol é nosso: perspectivas de ecodesenvolvimento para o Brasil*. Florianópolis: UFSC, 1995, pp. 21-25.

"Desenvolvimento sustentável, bioindustrialização descentralizada e novas configurações rural-urbanas: os casos da Índia e do Brasil". *In*: P.F. Vieira e J. Weber (orgs.), *Gestão de recursos naturais renováveis e desenvolvimento. Novos desafios para a pesquisa ambiental*. São Paulo: Cortez, 1997, p. 469-494.

Obra publicada em homenagem a Ignacy Sachs

VIEIRA P. Freire *et al.* (organizadores), 1998, *Desenvolvimento e Meio Ambiente no Brasil - A contribuição de Ignacy Sachs*. Porto Alegre: Editora Pallotti; Florianópolis: APED.

Este livro foi impresso em Garamond 13/18
sobre papel off set 90grs pela Psi7 em São Paulo,
em novembro de 2012 para Editora Garamond.